Falcoaria

IMPRIMIR:
Publicado por: Peter Neu • Ulmenring 9 • D-35418 Buseck